VŒU

D'UN ÉLECTEUR

SUR LES FINANCES.

VŒU

D'UN ÉLECTEUR

SUR

LA LOI DES FINANCES DE 1815 A 1816,

PAR M. F***.

———

A PARIS,

CHEZ PILLET, IMPRIMEUR-LIBRAIRE,

RUE CHRISTINE, N° 5.

—

SEPTEMBRE 1815.

VŒU
D'UN ÉLECTEUR

SUR

LA LOI DES FINANCES

DE 1815 A 1816.

Recettes et Dépenses annuelles.

Ramener, dans le prochain budjet, la somme des recettes à celle rigoureusement nécessaire pour les dépenses, de telle sorte que leur balance n'excède pas 5oo millions dans l'année 1816 ;

Diminuer la contribution foncière d'un cinquième sur le principal, et en porter le déficit d'abord sur les contributions personnelle, mobilière, et des patentes, mais seulement dans les classes supérieures, à partir de la valeur locative de 5oo fr. et au-dessus, ensuite sur les contributions indirectes ;

Comprendre au nombre des impositions indirectes une taxe dans les villes ;

1°. Sur les chevaux de luxe ;

2°. Sur les équipages et cabriolets ;

3°. Sur les domestiques mâles ;

Le tout dans des progressions relatives au
nombre ;

Frapper d'un droit de consommation à
l'entrée des villes les denrées coloniales brutes
et fabriquées, sauf la restitution des droits
au cas de sortie ;

Comprendre la régie des sels exclusive avec
celle des tabacs, en modifiant les droits pour
les campagnes ;

Rectifier les droits d'enregistrement, en
les modifiant, sur les ventes immobilières,
qui, au lieu de 4 pour 100, seraient réduits
à 2 pour 100, et, sur les ventes mobilières,
de 2 pour 100 à 1 pour 100 ;

Soumettre à ce droit les transferts de la
dette publique et les mutations des cautionnemens, considérés comme valeurs mobilières,
c'est-à-dire à 1 pour 100.

Recettes et dépenses extraordinaires.

Continuer la liquidation de la dette arrié-

rée dans les divers ministères ; y réunir celle
créée dans les tems de l'usurpation ;

Mettre au courant les arrérages de la dette,
de telle sorte qu'au 21 mars 1816 on puisse
ouvrir le paiement des intérêts alors échus de
celle perpétuelle, et que l'on ait acquitté ceux
de la dette viagère pour le semestre qui s'ou-
vrira au 22 décembre 1815 ;

Soumettre à un léger droit de 25 c. par
chaque 50 fr., et progressivement, de sorte
qu'à compter de 51 fr. le droit soit de 50 c.,
jusques à 100 fr., et de 75 c. à compter de
101 fr., et ainsi de suite, le paiement de tous
arrérages de la dette, des pensions et des cautionnemens ;

Renoncer à la création de bons royaux avec
intérêts de 8 pour 100, payables à trois années de leur émission ;

Aborder la question d'une conversion de
toute nature de dette en une seule dette, les
5 pour 100 consolidés, sous la condition ri-
goureuse d'un amrutissement annuel, avec
création d'un fonds spécial qui y sera destiné ;

Renoncer à tous mouvemens de fonds autres que ceux utiles aux dépenses ordinaires
et à l'amortissement des 5 pour 100 ;

Suspendre la vente des bois de l'Etat ;

Convertir les cautionnemens en 5 pour 100 immobilisés, pour les titulaires, pendant la durée de leur gestion ;

Appeler tous nouveaux titulaires de cautionnemens à fournir pareille nature de 5 pour 100 ;

Créer 1°, dans les finances,

Une régie intéressée de trente régisseurs des contributions indirectes, distribués par arrondissemens dans les villes principales, à Paris, Lyon, Bordeaux, Marseille, Lille, Rouen, Nantes, Toulouse, Nîmes, Strasbourg, Troyes, Orléans et Tours ;

Compléter à Paris le nombre des agens de change, fixé originairement à quatre-vingts, aujourd'hui réduit à cinquante ;

2°. Dans l'ordre judiciaire,

Des commissaires aux scellés, réservant aux juges de paix une augmentation d'attributions et de ressort ;

Des huissiers priseurs dans les départemens ;

Des substituts de procureurs du roi, pour représenter les absens dans les inventaires, partages et ventes ;

3°. Dans l'ordre administratif,

Des trésoriers receveurs des communes et

de tous établissemens publics, hospices, et autres ;

Des commis chefs aux secrétariats des préfectures, sous-préfectures et mairies, notamment pour le service de l'état civil ;

4°. Dans la maison du roi et des princes,

Des commissions relatives à la diversité des services militaires et civils, autres que les titres d'honneur ;

Soumettre toutes ces nouvelles créations à des cautionnemens en 5 pour 100 immobilisés pendant la durée de la gestion des titulaires, et proportionnellement à l'importance des commissions et à l'utilité des droits qui y seraient attribués ;

Déclarer la vénalité héréditaire de toutes les commissions ministérielles, sauf l'exécution des réglemens anciens et nouveaux, sur la présentation des candidats ;

Soumettre, par suite de cette concession, tous les cautionnemens, autres que ceux à créer ci-dessus, à une augmentation du cinquième de leur cautionnement à fournir en 5 pour 100, à immobiliser pendant la durée des gestions.

Banque de France.

Déclarer la Banque de France nationale, avec établissement de douze nouveaux comptoirs dans les villes ci-dessus désignées ;

Faire verser tant à Paris qu'aux comptoirs, au fur et à mesure des perceptions, dans un délai convenable, par tous receveurs généraux et receveurs particuliers, qui y auraient leur compte-courant, et ouvrir la faculté de paiement de toutes rescriptions au profit du gouvernement et des particuliers, sur ces comptoirs, qui émettraient des valeurs réalisables en espèces, au comptant, dans des coupures de mille francs, cinq cents francs, et deux cent cinquante francs seulement ;

Faire concourir en faveur du commerce le mouvement de ces fonds, par l'effet d'une faculté d'escompte à demi pour 100 par mois, sur billets et traites à ordre, revêtus de trois signatures, payables à deux mois seulement de leurs dates.

Motifs et developpemens.

Toutes les parties du plan proposé tendent au but d'utiliser, au profit de l'agriculture et du commerce , le mouvement des fonds destinés aux charges annuelles publiques.

L'industrie et le travail peuvent seuls créer la richesse ; le déplacement des capitaux ne la constitue pas. Jusques à présent, les canaux qui aboutissent au trésor public ont seuls reçu le numéraire presque entier de la France.

Toutes les spéculations se sont tournées vers les fonds des recettes et des dépenses publiques.

Une dette immense pèse sur la France : si l'on s'occupe exclusivement de l'emploi du numéraire pour son remboursement , nous perdrons tout, et la dette et les moyens de l'acquitter. En limitant à 5oo millions le mouvement des recettes et des dépenses publiques, et en portant l'excès des charges sur les classes autres que celles ouvrières et créatrices de la richesse , on restituera au commerce et à l'industrie les capitaux qu'ils réclament.

Voilà toute l'économie du système proposé : nous voulons créer la richesse publique.

Pour y parvenir : 1°. Réduction de taxe sur la contribution foncière : il faut donner à l'agriculture de nouveaux moyens de création ;

2°. Augmentation des taxes sur les consommateurs ; mais seulement à l'entrée des villes,

où le besoin de satisfaire à toutes les jouis-
sances du luxe réunit les plus opulens et ceux
qui, par le commerce de détail, sont en état
de les procurer ;

Régie exclusive des sels unie à celle des tabacs : il faut atteindre le consommateur,
même celui qui gagne avec son industrie,
lorsque vous ne pouvez l'atteindre par la
contribution personnelle, mais seulement au
moment de la consommation, en modifiant
les droits sur les campagnes, vous obtiendrez
l'avantage d'une distribution plus égale sur
l'inégalité des moyens des contribuables.

Dans l'intérêt même du trésor public, la
réduction des droits sur les ventes des biens-
fonds et des objets mobiliers augmentera de
moitié les produits, par le mouvement plus
fréquent des mutations. A l'égard de la sou-
mission de la dette publique et du cautionnement aux droits sur les transferts, il faut
atteindre les capitaux partout où la protec-
tion publique les garantit, parce qu'ils doivent, comme tous les autres biens, le prix de
cette garantie ; il est aussi nécessaire de faire
refluer les capitaux vers les sources fécondes
de l'agriculture et du commerce.

Que dire d'un propriétaire de terres utiles

et de jardins d'agrément, qui entretiendrait, au préjudice des premières et pour l'embellissement des seconds, les eaux rares que les dispositions du terrain pourraient lui procurer.

Voilà bien notre véritable position.

Il ne suffit pas à l'homme d'Etat qui crée un système de finances de pourvoir à des dépenses par des recettes quelconques, il doit considérer l'influence que le mouvement qu'il imprime exerce sur les fortunes particulières.

Si la direction qu'il donne aux capitaux tend à vivifier, même à créer de nouvelles richesses, il obtient le plus grand avantage possible ; s'il les fait continuellement tourner dans le cercle vicieux des spéculations financières vers les fonds publics, il ne fait que déplacer les richesses ; il entretient les passions funestes des chances aléatoires, sans aucun avantage pour la masse générale.

L'arriéré ancien et nouveau de la dette publique, mobilisé pendant trois années, peut entretenir près de 800 millions de capitaux dans le foyer de l'agiotage ; tandis que l'immobilisation de la dette, amortie par le dou-

ble effet d'une création nouvelle de cautionnement et d'un rachat annuel, n'a besoin que
d'une surveillance qui, concentrée sur un ob-
jet unique, doit ramener, avant le délai de
trois années, les 5 pour 100 au pair de leur
capital.

En effet, si d'ici à trois ans la liquida-
dation de l'arriéré augmente les 5 pour 100
de 8 à 10 millions de rente par chaque année,
vous aurez dans la première année, en don-
nant le délai de toute l'année 1816 pour le
paiement par quart, soit des nouveaux cautionnemens, soit de l'augmentation du cinquième sur les anciens, les moyens d'affaiblir
l'émission des nouveaux 5 pour cent.

Entrons à cet égard dans quelques calculs.

Les trente régisseurs, à raison de
100,000 francs chacun, donneront un
capital de 3 millions; ci . . . . 3,000,000 fr.

Les trente agens de change, pareille
somme; ci 3,000,000

Les commissaires aux scellés, à raison de 20,000 fr., calculés de douze à
quinze par chaque département, eu
égard aux grandes villes, qui en exi-
geront un plus grand nombre, four-

6,000,000 fr

D'autre part.	6,000,000 fr.

niront 18 millions par neuf cents titulaires; ci 18,000,000

Les huissiers-priseurs, de 2,000 fr.
jusqu'à 8,000 francs, donneront une
somme moyenne de 4,000 francs; sur
huit cents titulaires, ci 3,200,000

Les substituts dans les principales
villes et chefs-lieux où siégent les tri-
bunaux civils, sur une moyenne de
3,000 fr. de cautionnemens, fourni-
ront, pour six cents titulaires, ... 1,800,000

Les receveurs des communes, pla-
cés seulement dans les grandes villes
et chefs-lieux de départemens, donneront, pour environ cent titulaires, de-
puis 10,000 fr. jusqu'à 5,000 fr., . . . 600,000

Les employés civils, calculés pour
huit cents titulaires, à raison d'une
moyenne de 6,000 fr., fourniront en-
viron 5,000,000

Dans la maison du Roi et des princes, trois cents titulaires, à raison de
10,000 fr. de cautionnement; ci . . . 3,000,000

Le cinquième des cautionnemens ac-
tuels, eu égard à la concession de vénalité, fournira 66 millions; ci . . . 66,000,000

TOTAL. . . . . . . 103,600,000 fr.

Loin qu'il y ait de l'exagération dans ces

données, on peut espérer que l'on retirerait au moins 6 millions de rentes en 5 pour 100 dans l'année 1816, par l'effet des cautionnemens. Vous n'aurez donc qu'à opérer sur 2 à 3 millions de rentes, par la voie de l'amortissement.

Il faut ouvrir à cet égard une voie large : par la création d'un dixième sur toutes les contributions, vous aurez un fonds annuel de 50 millions ; les fonds rachetés dans la première année, à raison de 15 à 16 capitaux pour 1, ou de 75 à 80 pour 100 espèces, monteront à 3 millions 7 à 8 cent mille francs de rente.

Vouloir entrer dans des calculs pour les seconde et troisième années, c'est méconnaître la puissance de l'ordre et du tems, et les bénéfices qu'offriront les 5 pour 100, devenus seuls moyens de placement des capitaux, quand vous cesserez de les attirer à vous par des offres de 8 pour 100 d'intérêts sur capitaux qui n'iraient pas à moins de 300 millions par année.

Quand on réfléchit à l'avantage immense sur le crédit des 5 pour 100 procuré par le rachat journalier de 10,000 francs de rentes opéré, non par secousse, à des tems marqués et prévus, mais par chaque journée sans

aucune interruption (car l'emploi des 5o millions procurerait ce rachat); quand on pense
qu'on n'aurait plus en finances d'autre soin
que celui de surveiller cet emploi, on n'hé-
site pas à assurer qu'avant trois années le ca-
pitaliste absorbera seul l'émission nouvelle et
graduelle des 5 pour 100 dans les seconde
et troisième années, et que l'amortissement
procuré par les 5o millions, qui à la fin ne
pourront racheter que 2 millions 5oo,ooo fr.
de rentes, ne fera que donner le véhicule
d'un prix toujours croissant, si on persiste
à ne pas entrer dans les calculs des spécu-
lateurs pour des rachats à des époques données, mais bien par un rachat toujours cons-
tant et journalier.

Pour faire marcher vers un but certain toutes
ces opérations, sans détourner les capitaux
réclamés par l'agriculture et le commerce,
il faut donner un grand essor à la banque de
France, il faut que le numéraire fourni par
les contributions ne séjourne pas long-tems
dans les canaux du trésor : à peine entré dans
les caisses publiques, il faut qu'il revienne ali-
menter les caisses particulières qui l'ont produit.

Quels moyens plus puissans que la création

de comptoirs auxiliaires, disséminés dans les douze principales villes du royaume ! quel accord plus heureux que celui qui naîtrait entre le trésor public, fort de ses revenus journaliers déposés chaque jour dans des caisses publiques, et l'industrie commerciale et manufacturière, qui, par le virement perpétuel de ses valeurs émises pour un tems rapproché de deux mois, et garanties par trois signatures, pourrait faire circuler des bons limités, dans les sommes les plus faibles, à 250 fr., toujours payables à vue ou en espèces à présentation !

L'action continuelle des comptes ouverts au profit des receveurs généraux et particuliers du trésor, le paiement des rescriptions dans ces comptoirs et les viremens journaliers du commerce entretiendraient un mouvement général qui déculperait la puissance du crédit public et particulier.

Je suppose un recouvrement, dans l'année 1816, seulement de 5 millions par chaque comptoir tous les deux mois, époque à laquelle la rentrée doit être toujours balancée, vous aurez un mouvement de 30 millions par année et par chaque comptoir, et de 360 millions pour les douze, non compris la Banque de France ; un tiers de cette somme , toujours présente en numéraire dans les caisses , peut élever un crédit dans les départemens de 240 millions , qui , joint au crédit de pareille somme produit par la seule banque à Paris , vous fournira près de 500 millions , nécessaires aux impositions annuelles , sans détourner en aucune manière le numéraire entier de la France , aujourd'hui réclamé par l'industrie pour la prospérité publique.

Rien d'exagéré dans ces calculs : la prudence et la sagesse qui doivent présider aux établissemens fondés sur la confiance et le crédit , ne permettent pas de se livrer aux données les plus probables ; on a voulu rester même au-dessous du possible , pour justifier le plan proposé.

Les élémens particuliers et de détail qui en constituent les différentes parties , sont entre les mains de l'auteur, qui les communiquera , s'il est nécessaire.